Gabriele Redden

Die besten Power-smoothies

Bassermann

Inhalt

Noch mehr Smoothie-genuss!

Smoothies haben sich vom Trendgetränk zum beliebten Dauerbrenner entwickelt. Wer sich ausreichend mit Obst und Gemüse ernähren, voll frischer Energie in den Tag starten oder gar ein paar Pfunde loswerden möchte, kommt an diesen leckeren Fitmachern aus dem Glas längst nicht mehr vorbei. Bei Smoothiefans, zu denen ich mich und meine Familie zähle, stehen sie sogar auf dem täglichen Speiseplan. Darum möchte ich Ihnen gern mit meinem zweiten Smoothiebuch weitere Rezepte zu fruchtigen und grünen Powersmoothies, die mitunter eine ganze Mahlzeit ersetzen können, an die Hand geben.

Wer nicht viel Zeit hat, der lasse sich von meinen Smoothies für Eilige inspirieren, zum Beispiel mit einem Blaubeer-Haferflocken-Smoothie zum Frühstück. Für die Zubereitung brauchen Sie in der Regel nicht viel länger als fünf Minuten. Und damit Sie gut durch die kalte Jahreszeit kommen, habe ich einige spezielle Smoothies entwickelt, die Ihnen dabei helfen sollen, Erkältungen abzuwehren oder zu lindern. Geeignet dafür ist zum Beispiel ein Apfel-Grünkohl-Smoothie, denn der versorgt Sie mit jeder Menge Vitamine und Mineralstoffen.

Empfehlen kann ich Ihnen außerdem die von Experten als Superfoods bezeichneten Zutaten wie Acai- und Gojibeeren, Maca- oder Lucumapulver, die nicht nur dem Geschmack einen besonderen Kick verleihen, sondern viele wichtige Vitalstoffe in so hoher Konzentration enthalten, dass Sie nur kleine Mengen brauchen, um eine wohltuende Wirkung zu spüren.

Welchen Smoothie zu welchem Zweck Sie auch immer wählen, ich wünsche Ihnen viel Erfolg beim Ausprobieren!

Herzlichst,

Ihre Gabriele Redden

Neues aus der Smoothie-Bar

Deshalb sind Smoothies so gut für uns

Willkommen in der Smoothie-Bar! Hier finden Sie neue Rezepte rund um die beliebten Fruchtdrinks, die nicht nur köstlich schmecken, sondern uns die Extraportion an Vitaminen, Mineralstoffen, sekundären Pflanzenstoffen und Antioxidantien verschaffen, die uns leistungsfähiger, frischer und gesünder macht. Wenn Sie täglich einen Smoothie trinken, werden Sie schon bald merken, dass Sie sich absolut fit und gerüstet fühlen, um den Herausforderungen des Alltags zu begegnen. Und nicht nur das – Smoothies machen gute Laune.

Darüber hinaus wirken sie dem Anti-Aging-Prozess entgegen. Verantwortlich für diesen Vorgang sind die sogenannten freien Radikale, aggressive, hochreaktive Teilchen, die unsere Körperzellen angreifen, schädigen und uns schneller altern lassen. Die Antioxidantien in Obst und Gemüse aber hindern freie Radikale daran, den Alterungsprozess voranzutreiben, indem sie sie unschädlich machen.

Damit klappt's

Das wichtigste Werkzeug für Smoothies ist der Mixer. Und für Anfänger kann es der Stabmixer oder der Standmixer sein, den Sie vermutlich sowieso schon in Ihrer Küche benutzen. Besonders alle Obst-Smoothies gelingen damit zufriedenstellend. Um allerdings in den vollen Genuss der Vitalstoffe im Blattgemüse zu kommen, reicht es nicht, die Kohl- Spinat- oder Salatblätter nur zu zerkleinern, sie müssen püriert werden. Dazu brauchen Sie einen Mixer mit 1200–1400 Watt bzw. ca. 24 000 Umdrehungen, der mühelos auch Eiswürfel pürieren kann und zwischen 170 und 250 Euro kostet. Hochleistungsmixer sind teuer, liefern allerdings auch die besten Ergebnisse, alle Zutaten kann man auf einmal mixen. Die Rezepte in diesem Buch sind mit einem Mixer der Mittelklasse zubereitet worden.

Und was brauchen Sie noch? Ein scharfes Messer, ein ordentliches Schneidbrett (Plastik ist hygienischer als Holz) und einige Eiswürfelbereiter. Wenn Sie neue kaufen, dann nehmen Sie am besten die mit Deckel, damit die Fruchtsäfte, Tees etc. vor dem Gefrieren nicht auslaufen können und die fruchtigen Eiswürfel keine Fremdgerüche annehmen.

Das kommt rein

Am besten nehmen Sie Früchte und Gemüse aus ökologischem Anbau. So erhalten Sie die ernährungsphysiologisch wertvollsten Smoothies. Waschen Sie trotzdem alles gründlich, aber lassen Sie möglichst die Schale an den Früchten oder Gemüsen, die nicht grundsätzlich geschält werden wie Bananen, Litschis, Mangos etc. oder Avocados, Rote Bete und andere Rüben. Gerade die Schale hat's nämlich in sich. Sie können auch tiefgefrorene Früchte aus dem Supermarkt verwenden, doch auch hier sollten Sie darauf achten, dass es sich dabei um Biofrüchte handelt.

Flüssigkeiten wie Vollmilch, Mandelmilch, Reismilch und Säfte machen den Smoothie erst trinkbar, aber das ist nicht ihre einzige Funktion. Sie bereichern das Getränk mit vielen weiteren Vitaminen und Mineralstoffen und sorgen für einen ausgewogenen Geschmack. Die Mengenangaben für Flüssigkeiten in den Rezepten sind nur Empfehlungen, die Sie jederzeit verändern können.

Bei den Zutaten wie Goji- und Acaibeeren oder Macapulver etc. handelt es sich um hochwertige Früchte mit Vitalstoffen in hoher Konzentration, die den Smoothies nicht nur geschmacklich einen Kick verleihen, sondern vor allem einen enormen Energieschub bewirken.

Mischen Sie Früchte und Gemüse nach Herzenslust, meine Rezepte sind nur Anregungen. Sie werden schnell herausfinden, welche Frucht- und Gemüsekombinationen Ihnen am besten schmecken.

Die perfekte Süße

Nicht jeder mag es gleich süß und empfindet Süßegrade unterschiedlich. Reife Früchte sind meistens schon süß genug, zumindest für meinen Geschmack. Aber wer nachsüßen möchte, dem empfehle ich Honig oder Stevia. Sie stehen für natürliche, bzw. künstliche Süßungsmittel. Wer mag, nimmt raffinierten Zucker, Sirup oder Dicksaft seiner Wahl als Alternative. Stevia Extrakt oder Stevia Pulver hat keine Kalorien, keine KH und, soweit man bisher weiß, keine die Gesundheit beeinträchtigenden Nebenwirkungen. Trotzdem: Verwenden Sie es nur in kleinen Mengen, zum einen, weil es achtmal so süß ist wie Zucker und zum anderen, weil es einen leicht bitteren Nachgeschmack hinterlassen kann, wenn Sie zu viel davon nehmen. Grundsätzlich gilt: Bevor Sie den Smoothie in ein Glas gießen, schmecken Sie ihn ab, denn schließlich soll er munden und nicht nur gesund sein.

Fruchtige Smoothies

Blaubeer-Haferflocken-Smoothie

für Eilige

Zutaten für 2 Portionen

½ reife Banane (Fruchtmenge ca. 60 g)
100 g frische oder gefrorene Blaubeeren
2 EL Haferflocken
1 EL getrocknete Maulbeeren (s. Bezugsquellen)
125 g Vanillejoghurt (3,5 % Fett)
125 ml Milch (3,5 % Fett)
Honig oder Stevia nach Geschmack
4–5 Eiswürfel (optional)

Außerdem
2 Minzestängel für die Deko
2 dicke Strohhalme

1 Die Banane schälen und in Scheiben schneiden. Oder gefrorene Bananenscheiben verwenden (siehe Tipp auf Seite 70). Die frischen
Blaubeeren kurz abbrausen und trocken tupfen, die gefrorenen auftauen.

2 Die Bananenscheiben, Blaubeeren, Haferflocken, Maulbeeren und den Joghurt in den
Mixer geben, die Milch zugießen und 30 Sekunden pürieren. Eventuell süßen, die Eiswürfel
zufügen und nochmals mixen, bis die gewünschte Konsistenz erreicht ist. Den Smoothie
in 2 Gläser gießen, mit Minze dekorieren und
mit dem Strohhalm servieren.

Nährwerte pro Portion: kcal 170, EW 6,5 g,
F 2,5 g, KH 29 g

Ein gehaltvoller
Frühstücks-Smoothie,
der richtig gut schmeckt
und lang anhaltend
sättigt.

Bananen-Schoko-Smoothie

für Eilige

Zutaten für 2 Portionen

1 reife Banane (Fruchtmenge ca. 120 g)
50 g Seidentofu
1 EL Schmelzflocken
100 ml ungesüßte Mandelmilch (2,9% Fett)
2 EL ungesüßter Kakao
1 EL Honig
1 TL grob gehackte Mandeln
4–5 Eiswürfel (optional)

Außerdem
1 TL gehackte Mandeln
2 dicke Strohhalme

1 Die Banane schälen und in Scheiben schneiden oder gefrorene Bananenscheiben verwenden (siehe Tipp auf Seite 70). Mit dem Seidentofu, den Schmelzflocken, der Mandelmilch, dem Kakao, dem Honig und den Mandeln in den Mixer geben und ca. 30 Sekunden pürieren.

2 Eventuell Eiswürfel zufügen und nochmals mixen, bis die gewünschte Konsistenz erreicht ist. Smoothie in 2 Gläser gießen und mit den gehackten Mandeln bestreuen. Mit den Strohhalmen servieren.

Mit ¼ TL Zimt gewürzt, hält der Smoothie den Cholesterinspiegel und Zuckerhaushalt des Körpers im Gleichgewicht.

Nährwerte pro Portion: kcal 171, FW 8 g, F 4 g, KH 8,5 g

Erdbeer-Kokos-Smoothie

für Eilige

Zutaten für 2 Portionen

100 g frische oder tiefgefrorene Erdbeeren
100 ml Kokosmilch (19 % Fett)
1 EL getrocknete Gojibeeren (s. Bezugsquellen)
2 EL Haferflocken
1 Prise gemahlener Zimt
Honig oder Stevia nach Geschmack
4–5 Eiswürfel (optional)

Außerdem
2 Erdbeeren
2 dicke Strohhalme

Ein Früh-
stücks-Smoothie mit
fruchtigen Beeren und
aromatischer Kokosmilch
für kleine und große
Schlemmer.

1 Die Erdbeeren gründlich waschen, trocken
tupfen und die grünen Blättchen entfernen, die
gefrorenen Beeren auftauen. Zwei besonders
schöne Exemplare beiseitelegen. Die Früchte in
Stücke schneiden und in den Mixer geben.

2 Kokosmilch, Gojibeeren, Haferflocken und
Zimt zufügen und 30 Sekunden auf höchster
Stufe pürieren. Eventuell süßen, die Eiswürfel
zufügen und nochmals kurz mixen.

3 Smoothie in 2 Gläser gießen, die beiseitegelegten Erdbeeren einschneiden und an die
Glasränder stecken. Mit den Strohhalmen servieren.

Nährwerte pro Portion: kcal 177,5, EW 3,5 g,
F 10 g, KH 3,5 g

Wer Kokos-
milch mag, kann sie
mit allen heimischen
und exotischen Früchten
kombinieren.

Wake-Up-Smoothie

für Eilige

Zutaten für 2 Portionen

½ reife Banane (Fruchtmenge ca. 60 g)
150 g gefrorene Beeren
(Himbeeren, Brombeeren, Blaubeeren, Erdbeeren)
1 EL getrocknete Gojibeeren (s. Bezugsquellen)
100 ml Orangensaft
100 ml Joghurt (3,5% Fett)
1 EL Honig
1 EL Macapulver (s. Bezugsquellen)
4–5 Eiswürfel (optional)

Außerdem

2 Minzestängel für die Deko
2 dicke Strohhalme

Nehmen Sie noch 15 g Mandeln und 15 g Haferflocken dazu, dann erhalten Sie einen Frühstücks-Smoothie.

1 Die Banane schälen und in Scheiben schneiden. Die Hälfte davon in den Mixer geben, den Rest einfrieren. Oder gefrorene Bananenscheiben verwenden (siehe Tipp Seite 70). Die gefrorenen Beeren mit Gojibeeren, Orangensaft, Joghurt, Honig und dem Macapulver zufügen und ca. 30 Sekunden pürieren.

Dieser wohlschmeckende Smoothie versorgt Sie mit 100 Prozent der Tagesdosis an Vitamin C.

2 Eventuell nachsüßen, die Eiswürfel zufügen und nochmals mixen, bis die gewünschte Konsistenz erreicht ist. Smoothie in 2 Gläser gießen. Die Minzestängel hineinstecken und mit den Strohhalmen servieren.

Nährwerte pro Portion: kcal 69,5, EW 2 g, F 1 g, KH 14 g

Orangen-Pfirsich-Smoothie

für Eilige

Zutaten für 2 Portionen

1 reifer gelber Pfirsich (Fruchtmenge ca. 120 g)
100 ml kalter Möhrensaft
100 ml kalter Orangensaft
1 Esslöffel Leinsamenschrot
1 Stück Ingwerwurzel, 2 cm
Honig oder Stevia nach Geschmack
4–5 Eiswürfel (optional)

Außerdem
2 kleine Blüten für die Deko
2 dicke Strohhalme

Leuchtend rot wie die aufgehende Sonne, sorgt dieser Smoothies mit würzigem Ingtwer für Energie am Morgen.

Geben Sie 2 EL Haferflocken dazu und Sie sind satt bis zum Mittagessen.

1 Den Pfirsich waschen und gründlich trocken reiben. Die Frucht in der Falte rund herum bis zum Kern einschneiden und dann die Hälften gegeneinander drehen. Den Kern herauslösen, das Fruchtfleisch in grobe Stücke schneiden und in den Mixer geben. Oder tief gefrorenen Pfirsich verwenden (siehe Tipp auf Seite 70).

2 Den Möhren- und Orangensaft zugießen und ca. 30 Sekunden pürieren. Den Leinsamenschrot einstreuen. Den Ingwer schälen, in feine Würfel schneiden und ebenfalls in den Mixer geben. Eventuell süßen, die Eiswürfel zufügen und nochmals mixen, bis die gewünschte Konsistenz erreicht ist. Smoothie in 2 Gläser gießen, mit den Blüten dekorieren und mit den dicken Strohhalmen servieren.

Nährwerte pro Portion: kcal 104,5, EW 2,5 g,
F 2 g, KH 20,5 g

Blaubeeren-Kokos-Smoothie

für Eilige

Zutaten für 2 Portionen

150 g frische oder gefrorene Blaubeeren
1 EL Chiasamen (s. Bezugsquellen)
200 ml Kokosmilch (19 % Fett)
1–2 EL Ahornsirup
½ TL Vanillextrakt
4–5 Eiswürfel (optional)

Außerdem
2 Holzspießchen
2 dicke Strohhalme

Ein gehaltvoller Smoothie, der schnell gemacht ist und durchaus auch mal das Mittagessen ersetzen kann.

1 Die frischen Blaubeeren kurz abbrausen und trocken tupfen. 6–8 Beeren für die Deko beiseitelegen. Oder gefrorene verwenden.

2 Beeren und Chiasamen mit der Kokosmilch, dem Ahornsirup sowie dem Vanilleextrakt in den Mixer geben und ca. 30 Sekunden auf höchster Stufe mixen. Eiswürfel zufügen und nochmals mixen, bis die gewünschte Konsistenz erreicht ist. Den Smoothie in 2 Gläser gießen. Die beiseitegelegten Beeren auf die Holzspießchen stecken und auf den Glasrand legen. Mit den Strohhalmen servieren.

Wer keine Blaubeeren mag, tauscht sie gegen Brombeeren aus.

Nährwerte pro Portion: kcal 287, EW 24,8 g, F 27,3 g, KH 35 g

Pfirsich-Apfel-Smoothie

für Eilige

Zutaten für 2 Portionen

1 reifer Pfirsich (Fruchtmenge 120 g)
150 g Vanillejoghurt (3,5 % Fett)
100 g Apfelmus
1 TL Lucumapulver (s. Bezugsquellen)
½ TL gemahlener Zimt
1 Prise gemahlene Muskatnuss
Honig oder Stevia nach Geschmack
4–5 Eiswürfel (optional)

Außerdem
2 Blüten für die Deko
2 dicke Strohhalme

Schmeckt wie ein Dessert, hat aber nur wenige Kalorien und ist obendrein noch sehr gesund.

1 Den Pfirsich waschen und trocken reiben. Die Frucht einschneiden, dann die Hälften gegeneinander drehen. Den Kern herauslösen, das Fruchtfleisch klein schneiden und in den Mixer geben. Oder gefrorenen Pfirsich verwenden (siehe Tipp Seite 70).

2 Vanillejoghurt, Apfelmus, Lucumapulver, Zimt und Muskatnuss zufügen und ca. 30 Sekunden auf höchster Stufe pürieren.

3 Eventuell süßen, die Eiswürfel zufügen und nochmals kurz mixen. Smoothie in 2 Gläser gießen, mit den Blüten dekorieren und mit den Strohhalmen servieren.

Nährwerte pro Portion: kcal 131, EW 2,5 g, F 6,5 g, KH 15,5 g

Statt Apfelmus 4 Aprikosen klein hacken, 15 Minuten in 50 ml Orangensaft einweichen und untermixen.

Feigen-Bananen-Smoothie
für Eilige

Zutaten für 2 Portionen

120 g frische Feigen
1 reife Banane (Fruchtmenge ca. 120 g)
150 ml ungesüßte Mandelmilch (2,9 % Fett)
1 EL Leinsamenschrot
¼ TL gemahlener Zimt
1 TL Vanilleextrakt
Honig oder Stevia nach Geschmack
4–5 Eiswürfel (optional)

Außerdem
gemahlener Zimt für die Deko
2 dicke Strohhalme

1 Feigen waschen, trocken tupfen, Stiele entfernen und in Würfel schneiden. Die Banane schälen und in Scheiben schneiden. Oder gefrorene Bananenscheiben verwenden (siehe Tipp Seite 70).

2 Feigenstücke und Bananenscheiben mit Mandelmilch, Leinsamenschrot, Zimt und Vanilleextrakt in den Mixer geben und 30 Sekunden auf höchster Stufe pürieren.

3 Eventuell süßen, die Eiswürfel zufügen und nochmals kurz mixen. Smoothie in 2 Gläser gießen, etwas Zimt aufstreuen und mit den Strohhalmen servieren.

Nährwerte pro Portion: kcal 161, EW 2,5 g,
Г 3 g, KH 29,5 g

Wer den Smoothie ein wenig schärfen will, gibt eine Prise Cayennepfeffer dazu.

Mango-Kokos-Smoothie

Zutaten für 2 Portionen

1 reife Mango (Fruchtmenge 200 g)
100 ml Kokosmilch (19 % Fett)
1 EL Chiasamen (s. Bezugsquellen)
1 Prise gemahlene Muskatnuss
Honig oder Stevia nach Geschmack
4–5 Eiswürfel (optional)

Außerdem

einige Minzeblättchen
2 dicke Strohhalme

1 Die Mango waschen, trocken reiben und schälen, das Fruchtfleisch vom Kern schneiden und in den Mixer geben. Oder gefrorene Mangostücke verwenden (siehe Tipp Seite 70).

2 Kokosmilch und Chiasamen zufügen und mit Muskat würzen. Auf höchster Stufe ca. 30 Sekunden pürieren.

3 Eventuell süßen, die Eiswürfel zufügen und nochmals mixen, bis die gewünschte Konsistenz erreicht ist. Smoothie in 2 Gläser gießen, mit Minzeblättchen dekorieren und mit den Strohhalmen servieren.

Nährwerte pro Portion: kcal 197,5, EW 3,5 g, F 12,25 g, KH 17 g

In Sachen Pro-vitamin A ist die Mango ein Star, sie liefert dazu noch eine ordentliche Portion Vitamin C.

Ersetzen Sie die Kokosmilch durch Joghurt und Sie haben einen Mango-Lassie, das Getränk aus Indien.

Banane-Erdbeer-Apfel-Smoothie

Zutaten für 2 Portionen

1 reife Banane (Fruchtmenge ca. 120 g)
2 Kiwis (Fruchtmenge ca. 120 g)
½ grüner Apfel (Fruchtmenge ca. 75 g)
100 ml ungesüßte Mandelmilch (2,9 % Fett)
1 EL Leinsamenschrot
1 EL Macapulver
Honig oder Stevia nach Geschmack
4-5 Eiswürfel (optional)
125 g Erdbeeren

Außerdem
2 kleine Erdbeeren
2 dicke Strohhalme

1 Die Banane schälen und in Scheiben schneiden. Oder gefrorene Bananenscheiben verwenden (siehe Tipp Seite 70). Die Kiwis schälen und klein schneiden.

2 Den Apfel gut waschen, abtrocknen, vierteln und das Kerngehäuse entfernen. Zwei Viertel in Achtel schneiden.

3 Die Hälfte der Bananenscheiben, Apfelstücke, Kiwi, 50 ml Mandelmilch, Leinsamenschrot und Macapulver im Mixer ca. 30 Sekunden pürieren. Eventuell süßen, die Eiswürfel zufügen und nochmals mixen, bis die gewünschte Konsistenz erreicht ist. Den Smoothie in 2 hohe Gläser gießen.

4 Den Mixer spülen. Die Erdbeeren waschen, trocken tupfen, die grünen Blättchen entfernen und die Beeren in Stücke schneiden. Zwei kleine Erdbeeren beiseitelegen. Mit den restlichen Bananenscheiben und der restlichen Mandelmilch in den Mixer geben und 30 Sekunden pürieren. Den Erdbeer-Smoothie vorsichtig über die Wölbung eines Esslöffels in die Gläser laufen lassen.

5 Die kleinen Erdbeeren einschneiden, an die Glasränder stecken und mit den Strohhalmen servieren.

Nährwerte pro Portion: kcal 175, EW 2,75 g, F 4,5 g, KH 29 g

Pfirsich-Kiwi-Smoothie

Zutaten für 2 Portionen

1 reifer Pfirsich (Fruchtmenge ca. 120 g)
2 Kiwis (Fruchtmenge ca. 120 g)
1 EL Schmelzflocken
1 EL Macapulver
100 ml Kokosmilch (19 % Fett)
Honig oder Stevia nach Geschmack
4–5 Eiswürfel (optional)

Außerdem

einige Pfirsichstückchen
2 Scheiben Kiwi
2 Holzspießchen
2 dicke Strohhalme

Kokosmilch schmeckt in fast jedem Smoothie, sie kann aber durch Joghurt, Voll- oder Mandelmilch ersetzt werden.

Pfirsiche schmecken nicht nur gut, sie liefern auch bioaktive Substanzen, die den Stoffwechsel regulieren.

1 Den Pfirsich waschen und trocken reiben. Die Frucht einschneiden und die Hälften gegeneinander drehen. Den Kern herauslösen, das Fruchtfleisch in grobe Stücke schneiden, einige Stückchen für die Deko beiseitelegen. Rest in den Mixer geben. Oder gefrorenen Pfirsich verwenden (siehe Tipp Seite 70).

2 Die Kiwis schälen und in Scheiben schneiden. 2 Scheiben für die Deko beiseitelegen, den Rest mit den Schmelzflocken und dem Macapulver in den Mixer geben, die Kokosmilch zugießen und ca. 30 Sekunden pürieren.

3 Den Smoothie eventuell süßen, die Eiswürfel zufügen und nochmals mixen, bis die gewünschte Konsistenz erreicht ist. Smoothie in 2 hohe Gläser gießen.

4 Die Kiwischeiben in Viertel schneiden und abwechselnd mit den Pfirsichstückchen auf die Spießchen stecken und an die Glasränder legen. Mit den Strohhalmen servieren.

Nährwerte pro Portion: kcal 175, EW 3 g, F 10,5 g, KH 18 g

Erdbeer-Mango-Smoothie

Zutaten für 2 Portionen

½ reife Banane
(Fruchtmenge ca. 60 g)
1 reife Mango (Fruchtmenge ca. 200 g)
125 g frische oder gefrorene Erdbeeren
1 EL getrocknete Gojibeeren (s. Bezugsquellen)
100 g Erdbeerjoghurt (3,5 % Fett)
50 ml kalter Orangensaft
2 EL Schmelzflocken
Honig oder Stevia nach Geschmack
4–5 Eiswürfel (optional)

Außerdem
Minzeblättchen
2 dicke Strohhalme

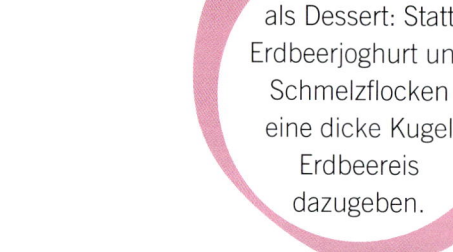

Smoothie als Dessert: Statt Erdbeerjoghurt und Schmelzflocken eine dicke Kugel Erdbeereis dazugeben.

1 Die Banane schälen und in Scheiben schneiden. Oder gefrorene Bananenscheiben verwenden (siehe Tipp Seite 70). Die Mango waschen, trocken reiben, schälen und das Fruchtfleisch vom Kern schneiden. Oder gefrorene Mango verwenden.

2 Die Erdbeeren gründlich waschen, trocken tupfen und die grünen Blättchen entfernen oder gefrorene verwenden. Die Früchte in Stücke schneiden.

3 Die Früchte mit den Gojibeeren in den Mixer geben, Erdbeerjoghurt und Orangensaft zugießen, die Schmelzflocken einstreuen und ca. 30 Sekunden pürieren. Eventuell süßen, die Eiswürfel zufügen und nochmals mixen, bis die gewünschte Konsistenz erreicht ist. Smoothie in 2 Gläser gießen und mit den Minzeblättchen dekorieren. Mit den Strohhalmen servieren.

Nährwerte pro Portion: kcal 22,5, EW 5 g, F 2,25 g, KH 44,5 g

Blaubeer-Bananen-Smoothie

Zutaten für 2 Portionen

½ reife Banane (Fruchtmenge ca. 120 g)
100 g frische oder gefrorene Blaubeeren
150 ml ungesüßte Mandelmilch (2,9 % Fett)
100 g Vanillejoghurt (3,5 % Fett)
1 EL Haferflocken
1 EL Chiasamen, (s. Bezugsquellen)
Honig oder Stevia nach Geschmack
4–5 Eiswürfel (optional)

Außerdem
Minzeblättchen
2 dicke Strohhalme

1 Die Banane schälen und in Scheiben schneiden.
Oder gefrorene Bananenscheiben verwenden (siehe Tipp
Seite 70).

2 Die frischen Blaubeeren kurz abbrausen und trocken
tupfen oder gefrorene verwenden. Die Früchte mit Mandelmilch und Joghurt in den Mixer geben, Haferflocken
und Chiasamen einstreuen und auf höchster Stufe ca.
30 Sekunden pürieren.

3 Eventuell süßen, die Eiswürfel zufügen und nochmals mixen, bis die gewünschte Konsistenz erreicht ist.
Smoothie in 2 Gläser gießen, mit den Minzeblättchen
dekorieren und mit den Strohhalmen servieren.

Ersetzen Sie
den Vanillejoghurt
durch eine dicke
Kugel Vanilleeis für ein
köstliches Dessert.

Nährwerte pro Portion: kcal 213,5, EW 4,75 g, F 9,25 g, KH 25 g

Mango-Ananas-Smoothie

Zutaten für 2 Portionen

1 reife Mango (Fruchtmenge ca. 200 g)
1 Bio-Limette
1/2 reife Ananas (Fruchtmenge ca. 200 g)
1 EL Acaibeerenpulver (s. Bezugsquellen)
100 ml ungesüßte Mandelmilch (2,9 % Fett)
1 Kugel Vanilleeis

Außerdem
2 Limettenscheiben
2 dicke Strohhalme

1 Die Mango waschen, trocken reiben und schälen, das Fruchtfleisch vom Kern schneiden, in den Mixer geben. Oder gefrorene Mango verwenden (siehe Tipp Seite 70). Die Limette waschen, abtrocknen, die Schale abreiben und den Saft auspressen.

2 Beide Enden der Ananas ca. 2 cm breit abschneiden. Die Frucht auf eine Schnittstelle stellen und die Schale längs wegschneiden. Die Ananas vierteln, den holzigen Strunk in der Mitte wegschneiden. Die Frucht in kleine Stücke schneiden und in den Mixer geben. Oder gefrorene Ananas verwenden.

3 Acaibeerenpulver, Mandelmilch, Limettenschale und -saft zufügen und 30 Sekunden pürieren. Das Vanilleeis zufügen und mixen, bis die gewünschte Konsistenz erreicht ist. Den Smoothie in 2 Gläser gießen, die Limettenscheiben einschneiden, an die Glasränder stecken und mit den Strohhalmen servieren.

Nährwerte pro Portion: kcal 127, EW 3 g, F 1,5 g, KH 27 g

Wer es gesünder mag, ersetzt das Vanilleeis durch Seidentofu.

Ein Power-smoothie, der wie ein tropisches Eisdessert schmeckt.

Erdbeer-Buttermilch-Smoothie

Zutaten für 2 Portionen

250 g frische Erdbeeren
2 EL getrocknete Cranberrys
1 EL Chiasamen
1 EL getrocknete Maulbeeren (s. Bezugsquellen)
100 ml Buttermilch
Honig oder Stevia nach Geschmack
4–5 Eiswürfel (optional)

Außerdem
2 hübsche Erdbeeren
2 dicke Strohhalme

1 Die frischen Erdbeeren waschen, trocken tupfen, die Kelche mit einem scharfen Messer herausschneiden. 2 Erdbeeren beiseitelegen. Die Früchte grob zerkleinern und in den Mixer geben.

2 Cranberrys, Chiasamen, Maulbeeren und Buttermilch zu den Erdbeeren geben und auf höchster Stufe ca. 30 Sekunden pürieren.

3 Eventuell süßen, die Eiswürfel zufügen und nochmals kurz mixen. Smoothie in 2 Gläser gießen, die Erdbeeren für die Deko einschneiden, an die Glasränder stecken. Mit den Strohhalmen servieren.

Nährwerte pro Portion: kcal 154,5, EW 4,5 g, F 3 g, KH 26,5

Wer laktose-empfindlich ist, tauscht die Buttermilch gegen Mandel- oder Reismilch aus.

Hawaiian Smoothie

Zutaten für 2 Portionen

½ reife Ananas (Fruchtmenge ca. 200 g)
½ reife Papaya (Fruchtmenge ca. 100 g)
100 ml Guavensaft oder -nektar
1 EL Limettensaft
1 TL Grenadinesirup (oder 50 ml Granatapfelnektar)
1 EL getrocknete Maulbeeren (s. Bezugsquellen)
Honig oder Stevia nach Geschmack
4–5 Eiswürfel (optional)

Außerdem

2 Ananasstückchen
2 dicke Strohhalme

Statt Gua-
vensaft Maracuja-
saft und statt
Grenadinesirup
Himbeersirup
oder -saft
nehmen.

Papaya und
Ananas enthalten ein
Verdauungsenzym, das
diesen Smoothie auch
sehr gesund macht.

1 Beide Enden der Ananas ca. 2 cm breit abschneiden. Die Frucht auf eine Schnittstelle
stellen und die Schale längs wegschneiden. Die
Ananas vierteln, den holzigen Strunk in der Mitte wegschneiden. Die Frucht in kleine Stücke
schneiden und in den Mixer geben. Oder gefrorene Ananas verwenden (siehe Tipp Seite 70).

2 Die Papaya waschen, halbieren und mit einem Teelöffel die schwarzen Kerne entfernen.
Das Fruchtfleisch mit dem Löffel aus der Schale
lösen und in den Mixer geben. Oder gefrorene
Papaya verwenden. Den Guavensaft zugießen,
Limettensaft, Grenadinesirup und Maulbeeren
dazugeben und ca. 30 Sekunden pürieren.

3 Eventuell süßen, die Eiswürfel zufügen und
nochmals mixen, bis die gewünschte Konsistenz erreicht ist. Den Smoothie in 2 Gläser
gießen, das Ananasstückchen an den Glasrand
stecken und mit den Strohhalmen servieren.

Nährwerte pro Portion: kcal 40,5, EW 0,5 g,
F 0 g, KH 10,5 g

Beeren-Power-Smoothie

Zutaten für 2 Portionen

100 g gefrorene oder frische Himbeeren
100 g gefrorene oder frische Blaubeeren
125 g gefrorene oder frische Erdbeeren
50 ml Kokosmilch (19 % Fett)
1 EL getrocknete Maulbeeren (s. Bezugsquellen)
100 ml griechischer Vanillejoghurt (10 % Fett)
1 EL Honig
4–5 Eiswürfel (optional)

Außerdem
Je 3 Beeren
2 Holzspießchen
2 dicke Strohhalme

1 Erdbeeren, Himbeeren und Blaubeeren in den Mixer geben. Die Kokosmilch zufügen, Maulbeeren und Joghurt dazugeben und ca. 30 Sekunden pürieren.

2 Eventuell süßen, die Eiswürfel zufügen und mixen, bis die gewünschte Konsistenz erreicht ist.

3 Für die Deko die Himbeeren und Blaubeeren abwechselnd auf die Spießchen stecken. Smoothie in 2 Gläser gießen, die Spießchen darauf legen und mit den Strohhalmen servieren.

Nährwerte pro Portion: kcal 212, EW 3,25 g,
F 9,75 g, KH 18 g

Die Vielzahl der Vitalstoffe in Beeren schützt vor Infektionen und sorgt für einen gesunden Blutdruck.

Nehmen Sie je nach Jahreszeit auch Brombeeren, Johannisbeeren, Stachelbeeren oder getrocknete Cranberrys.

Bananen-Apfel-Smoothie

Zutaten für 2 Portionen

1 reife Banane (Fruchtmenge ca. 120 g)
1 grüner Apfel (Fruchtmenge ca. 150 g)
Saft von ½ Limette
1 Kiwi (Fruchtmenge ca. 60 g)
1 EL getrocknete Gojibeeren (s. Bezugsquellen)
1 Stängel Minze
100 g Joghurt (3,5% Fett)
Honig oder Stevia nach Geschmack
4–5 Eiswürfel (optional)

Außerdem
2 Apfelschnitze
2 dicke Strohhalme

Für Veganer:
Verwenden Sie
Seidentofu, Mandel-
oder Reismilch
statt Joghurt.

1 Die Banane schälen und in Scheiben schneiden. Oder gefrorene Bananenscheiben verwenden (siehe Tipp Seite 70). Den Apfel waschen, abtrocknen, vierteln und das Kerngehäuse entfernen. Den Apfel in Achtel schneiden und 2 Schnitze für die Deko beiseitelegen. Mit den Bananenscheiben in den Mixer geben, Limettensaft zufügen und 30 Sekunden auf höchster Stufe pürieren.

2 Die Kiwi schälen und in Scheiben schneiden, mit den Gojibeeren in den Mixer geben. Die Minzeblättchen vom Stängel zupfen, waschen, trocken tupfen und in den Mixer geben, Joghurt zufügen.

3 Eventuell süßen. die Eiswürfel zufügen und nochmals mixen, bis die gewünschte Konsistenz erreicht ist. Smoothie in 2 Gläser gießen, die Apfelschnitze einschneiden und an die Glasränder stecken. Mit den Strohhalmen servieren.

Nährwerte pro Portion: kcal 137,5, EW 2,5 g,
F 5,5 g, KH 26,5 g

Blue-Magic-Smoothie

Zutaten für 2 Portionen

175 g gefrorene Blaubeeren
½ reife Banane (Fruchtmenge ca. 60 g)
1 Stück Ingwerwurzel, ca. 2 cm
1 EL getrocknete Maulbeeren (s. Bezugs-
quellen)
125 ml ungesüßte Mandelmilch (2,9 % Fett)
1 EL Kokosflocken
1 EL Mandelbutter
1 EL Haferflocken
1 TL Vanilleextrakt
Honig oder Stevia nach Geschmack
4–5 Eiswürfel (optional)

Außerdem
einige Blaubeeren
2 dicke Strohhalme

»Leichter« wird der Smoothie, wenn Sie Mandelbutter und Haferflocken weglassen.

1 Die Blaubeeren in den Mixer geben. Einige Blaubeeren für die Deko beiseitelegen.

2 Die Banane schälen und in Scheiben schneiden. Oder gefrorene Bananenscheiben verwenden (siehe Tipp Seite 70). Den Ingwer schälen und in feine Würfel schneiden.

3 Blaubeeren, Banane, Ingwer und Maulbeeren mit der Mandelmilch in den Mixer geben und 30 Sekunden auf höchster Stufe pürieren.

4 Kokosflocken, Mandelbutter, Haferflocken und Vanilleextrakt zufügen und nochmals mixen, bis die gewünschte Konsistenz erreicht ist. Eventuell süßen, die Eiswürfel zufügen und nochmals kurz mixen. Smoothie in 2 Gläser gießen, die beiseitegelegten Blaubeeren darauf streuen und mit den Strohhalmen servieren.

Nährwerte pro Portion: kcal 239,5, EW 4,5, F 39,5 g, KH 39,5 g

Sunshine-Smoothie

Zutaten für 2 Portionen

½ reife Banane (Fruchtmenge ca. 60 g)
¼ reife Ananas (Fruchtmenge ca. 100 g)
1 reife Mango (Fruchtmenge ca. 200 g)
100 ml kalter Orangensaft
1 EL getrocknete Gojibeeren, (s. Bezugsquellen)
Honig oder Stevia nach Geschmack
4–5 Eiswürfel (optional)

Außerdem

2 Stücke Ananas mit Blatt
oder Orangenscheiben
2 dicke Strohhalme

1 Die Banane schälen und in Scheiben schneiden. Die erforderliche Menge in den Mixer
geben. Oder gefrorene Bananenscheiben verwenden (siehe Tipp Seite 70).

2 Beide Enden der Ananas ca. 2 cm breit abschneiden. Die Frucht auf eine Schnittstelle
stellen und die Schale längs wegschneiden.
Die Ananas vierteln, den holzigen Strunk in
der Mitte wegschneiden. Von der Oberseite
2 Stückchen mit Blatt abschneiden und für die
Deko beiseitelegen Die Frucht in kleine Stücke
schneiden und 100 g davon in den Mixer geben. Rest einfrieren.

3 Die Mango waschen, trocken reiben und
schälen, das Fruchtfleisch vom Kern und in
Stücke schneiden. Oder gefrorene Mango ver-

wenden. Ebenfalls in den Mixer geben und den
Orangensaft sowie die Gojibeeren hinzufügen
und 30 Sekunden mixen.

4 Eventuell süßen, die Eiswürfel zufügen und
mixen, bis die gewünschte Konsistenz erreicht
ist. Smoothie in 2 Gläser gießen. Entweder mit
Ananasstückchen oder mit Orangenscheiben
garnieren und mit den Strohhalmen servieren.

Nährwerte pro Portion: kcal 140,5, EW 1,8 g,
F 0,7 g, KH 30 g

Banana-Colada-Smoothie

Zutaten für 2 Portionen

½ reife Banane (Fruchtmenge ca. 60 g)
¼ reife Ananas (Fruchtmenge ca. 100 g)
1 reifer Pfirsich (Fruchtmenge ca. 120 g)
100 ml Kokosmilch (19 % Fett)
100 ml griechischer Jogurt (10 % Fett)
1/4 Teelöffel Vanilleextrakt
Honig oder Stevia nach Geschmack
4–5 Eiswürfel (optional)

Außerdem

2 Ananasstückchen
2 dicke Strohhalme

Ein Smoothie voller Vitalstoffe, der nach Urlaub schmeckt und für einen gesunden Stoffwechsel sorgt.

Wenn Sie noch 40 g Spinat hinzufügen und Kefir statt Joghurt verwenden, sind Sie fit für den ganzen Tag.

1 Die Banane schälen und in Scheiben schneiden. Die Hälfte davon in den Mixer geben. Oder gefrorene Bananenscheiben verwenden (siehe Tipp Seite 70).

2 Beide Enden der Ananas ca. 2 cm breit abschneiden. Die Frucht auf eine Schnittstelle stellen und die Schale längs wegschneiden. Die Ananas vierteln, den holzigen Strunk in der Mitte wegschneiden. 2 Ananasstücke für die Deko beiseitelegen. Das Fruchtfleisch in kleine Stücke schneiden und in den Mixer geben.

3 Den Pfirsich waschen und trocken reiben. Die Frucht bis zum Kern einschneiden, die Hälften gegeneinander drehen. Den Kern herauslösen und das Pfirsichfleisch in grobe Stücke schneiden. Oder gefrorenen Pfirsich verwenden. Die Pfirsichstücke ebenfalls in den Mixer geben, Kokosmilch, Joghurt sowie Vanilleextrakt zufügen und 30 Sekunden pürieren.

4 Eventuell süßen, die Eiswürfel hinzufügen und mixen, bis die gewünschte Konsistenz erreicht ist. Smoothie in 2 Gläser gießen, die beiseitegelegten Ananasstückchen einschneiden und an die Glasränder stecken. Mit den Strohhalmen servieren.

Nährwerte pro Portion: kcal 237, EW 3,25 g,
F 19 g, KH 22 g

Ananas-Ingwer-Smoothie

Zutaten für 2 Portionen

½ reife Ananas (Fruchtmenge ca. 200 g)
½ reife Banane (Fruchtmenge ca. 60 g)
1 reife Mango (Fruchtmenge ca. 200 g)
1 Stück Ingwerwurzel, ca. 2 cm
100 ml ungesüßte Mandelmilch (2,9 % Fett)
Honig oder Stevia nach Geschmack
4–5 Eiswürfel (optional)

Außerdem
2 Ananasstückchen mit Blatt
2 dicke Strohhalme

Ein vitamin-reicher Smoothie, der auch an Regentagen für gute Stimmung sorgt.

Würzen Sie diesen Smoothie mit ¼ TL gemahlenem Zimt! Das macht munter und regt den Stoffwechsel an.

1 Enden der Ananas ca. 2 cm breit abschneiden. Von der Oberseite 2 Stückchen mit Blatt abschneiden und für die Deko beiseitelegen. Die Frucht auf eine Schnittstelle stellen und die Schale längs wegschneiden. Die Ananas vierteln und den holzigen Strunk in der Mitte ebenfalls längs abschneiden und entfernen. Die Frucht in kleine Stücke schneiden. Oder gefrorene Ananas verwenden (siehe Tipp Seite 70).

2 Die Banane schälen und in Scheiben schneiden. Oder gefrorene Bananenscheiben verwenden. Die Mango waschen, trocken reiben und schälen, das Fruchtfleisch vom Kern weg und in Stücke schneiden. Oder gefrorene Mango verwenden. Die Mangostücke mit Ananas und Banane in den Mixer geben.

3 Den Ingwer schälen, in kleine Würfel schneiden und zufügen.

4 Die Mandelmilch in den Mixer geben und alles auf höchster Stufe 30 Sekunden pürieren. Eventuell süßen, die Eiswürfel zufügen und nochmals kurz mixen.

5 Smoothie in 2 Gläser gießen. Die Ananasstückchen einschneiden und an die Glasränder stecken. Mit den Strohhalmen servieren.

Nährwerte pro Portion: kcal 171, EW 2 g, F 2 g, KH 34,5 g

Mango-Himbeer-Smoothie

Zutaten für 2 Portionen

1 reife Mango (Fruchtmenge ca. 200 g)
1 kleine Papaya (Fruchtmenge ca. 100 g)
3 Orangensafteiswürfel (s. Tipp auf Seite 70)
Honig oder Stevia nach Geschmack
125 g frische oder gefrorene Himbeeren
50 g frische oder gefrorene Blaubeeren
50 ml Kokoswasser

Außerdem
Minzeblättchen
2 dicke Strohhalme

1 Die Mango waschen, trocken reiben und schälen, das Fruchtfleisch vom Kern lösen und in Stücke schneiden. Oder gefrorene Mango verwenden (siehe Tipp Seite 70).

2 Die Papaya waschen, halbieren und mit einem Löffel die schwarzen Kerne entfernen. Das Fruchtfleisch herauslösen und mit der Mango in den Mixer geben. Oder gefrorene Papaya verwenden. Die Orangensafteiswürfel zufügen und ca. 30 Sekunden pürieren. Eventuell süßen und nochmals mixen, bis die gewünschte Konsistenz erreicht ist. Smoothie in 2 Gläser gießen.

3 Den Mixer spülen. Frische Beeren kurz abbrausen und trocken tupfen oder gefrorene Beeren verwenden, mit dem Kokoswasser in den Mixer geben und 30 Sekunden auf höchster Stufe pürieren. Eventuell süßen und nochmals kurz mixen.

4 Den Beeren-Smoothie vorsichtig über die Wölbung eines Esslöffels auf den Mango-Papaya-Smoothie laufen lassen. Mit Minzeblättchen dekorieren und mit den Strohhalmen servieren.

Nährwerte pro Portion: kcal 175, EW 2,75 g, F 4,5 g, KH 29 g

> Wenn die Smoothies besonders verlockend aussehen sollen, dann stellen Sie sie wie hier in zwei Arbeitsgängen her.

Würziger Winter-Smoothie

Zutaten für 2 Portionen

1 reife Banane (Fruchtmenge ca. 120 g)
150 ml Vanillekefir (3,5 % Fett)
1 EL Chiasamen (s. Bezugsquellen)
1/4 TL gemahlener Zimt
1 Prise gemahlene Muskatnuss
1 Prise gemahlener Piment
Honig oder Stevia nach Geschmack

Außerdem
1 Zimtstange
2 dicke Strohhalme

Kefir versorgt Sie mit einer gesunden Portion Eiweiß, Kalzium und Probiotika.

1 Die Banane schälen, in Scheiben schneiden und in den Mixer geben. Oder gefrorene Bananenscheiben verwenden (siehe Tipp Seite 70). Den Kefir zufügen, Chiasamen, Zimt, Muskatnuss sowie Piment einstreuen und ca. 30 Sekunden pürieren.

2 Eventuell süßen und mixen, bis die gewünschte Konsistenz erreicht ist. Smoothie in 2 Gläser gießen, die Zimtstange halbieren, in die Gläser stecken und mit den Strohhalmen servieren.

Nährwerte pro Portion: kcal 141,5, EW 5 g, F 2,5 g, KH 28 g

Für weihnachtlichen Geschmack: Kefir gegen Mandelmilch und Chiasamen gegen 1 EL Mandelbutter austauschen.

Grüne Smoothies

Banane-Grünkohl-Smoothie
für Eilige

Zutaten für 2 Portionen

1 reife Banane (Fruchtmenge ca. 120 g)
60 g junger Grünkohl
1 EL Leinsamenschrot
1 EL Kokosflocken
100 ml Milch (3,5 % Fett)
125 ml Orangensaft
Honig oder Stevia nach Geschmack
4–5 Eiswürfel (optional)

Außerdem

2 Grünkohlblattspitzen
2 dicke Strohhalme

Gut für Knochen und Zähne. Dieser Smoothie deckt bereits ein Drittel Ihres täglichen Kalziumbedarfs.

Wenn Sie den Grünkohl vor der Verwendung einfrieren, brauchen Sie keine Eiswürfel, um den Smoothie zu kühlen.

1 Die Banane schälen und in Scheiben schneiden. Oder gefrorene Bananenscheiben verwenden (siehe Tipp Seite 70). Die Grünkohlblätter waschen, trocken tupfen, 2 hübsche Blattspitzen für die Deko beiseitelegen, den Rest grob hacken.

2 Banane, Grünkohl, Leinsamenschrot und Kokosflocken in den Mixer geben, Milch und Orangensaft hinzufügen und alles ca. 30 Sekunden pürieren. Nach Geschmack süßen. Die Eiswürfel zufügen und nochmals mixen, bis die gewünschte Konsistenz erreicht ist. Den Smoothie in 2 hohe Gläser gießen, mit den Grünkohlblattspitzen garnieren und mit den Strohhalmen servieren.

Nährwerte pro Portion: kcal 147,5, EW 4 g ,
F 5 g, KH 20,5 g

Kiwi-Rucola-Smoothie

für Eilige

Zutaten für 2 Portionen

60 g frischer Rucola
2 Kiwis (Fruchtmenge ca. 120 g)
¼ Gurke (ca. 100 g)
1 reife Banane (Fruchtmenge ca. 120 g)
150 ml Kokoswasser
½ TL Chlorellapulver (s. Bezugsquellen)
1 EL Chiasamen (s. Bezugsquellen)
Honig oder Stevia nach Geschmack
4–5 Eiswürfel (optional)

Außerdem
2 Gurkenscheiben
2 dicke Strohhalme

Chlorella-
pulver, aus Süßwas-
seralgen gewonnen,
ist die wertvollste
Nahrungsergänzung,
die wir kennen.

1 Rucolablätter waschen und trocken schleudern. Kiwis schälen und in Würfel schneiden. Gurke schälen, 2 Scheiben beiseitelegen, den Rest in Stücke schneiden. Die Banane schälen und in Scheiben schneiden. Oder gefrorene Bananenscheiben verwenden (siehe Tipp Seite 70).

2 Rucola, Gurke und Banane in den Mixer geben, Kokoswasser, Chlorellapulver und Chia- samen zufügen und auf höchster Stufe ca. 30 Sekunden pürieren. Eventuell süßen, die Eiswürfel dazugeben und nochmals mixen, bis die gewünschte Konsistenz erreicht ist. Smoothie in 2 Gläser gießen, die Gurkenscheiben einschneiden und an die Glasränder stecken. Mit den Strohhalmen servieren.

Nährwerte pro Portion: kcal 148,5, EW 3 g,
F 5,5 g, KH 21 g

Granatapfel-Rote-Bete-Smoothie
für Eilige

Zutaten für 2 Portionen

1 rosa Grapefruit (Fruchtmenge ca. 200 g)
1 gekochte Rote Bete (Gemüsemenge ca. 125 g)
200 ml Granatapfelnektar
50 g Joghurt (3,5 % Fett)
Honig oder Stevia nach Geschmack
4–5 Eiswürfel (optional)

Außerdem
2 Limetten- oder Zitronenscheiben
2 dicke Strohhalme

1 Die Grapefruit schälen, klein schneiden und die Kerne entfernen. Mit dem Saft in den Mixer geben. Die Rote-Bete-Knolle halbieren, erst in Scheiben, dann in Würfel schneiden. Zur Grapefruit in den Mixer geben.

2 Granatapfelnektar und Joghurt zufügen und 30 Sekunden auf höchster Stufe pürieren. Eventuell süßen, die Eiswürfel zufügen und nochmals mixen, bis die gewünschte Konsistenz erreicht ist. Den Smoothie in 2 Gläser gießen. Die Limetten- oder Zitronenscheiben einschneiden und als Deko an die Glasränder stecken. Mit den Strohhalmen servieren.

Nährwerte pro Portion: kcal 150, EW 3,25 g, F 1 g, KH 19,5 g

Die Rote Bete kann in vielen Smoothies gegen Spinat ausgetauscht werden.

Blaubeer-Avocado-Smoothie
für Eilige

Zutaten für 2 Portionen

125 g tiefgefrorene oder frische Blaubeeren
50 g frischer Babyspinat
½ reife Avocado (Fruchtmenge ca. 50 g)
1 EL Chiasamen (s. Bezugsquellen)
125 ml ungesüßte Mandelmilch (2,9 % Fett)
¼ TL gemahlener Zimt
1 EL Honig
4–5 Eiswürfel (optional)

Außerdem
einige Blaubeeren
2 dicke Strohhalme

Mit dem Saft von 1 Limette geben Sie dem Smoothie noch einen exotischen Kick.

1 Frische Blaubeeren kurz abbrausen und abtupfen oder gefrorene verwenden. Einige Blaubeeren für die Deko beiseitelegen. Die Babyspinatblätter waschen, trocken tupfen und mit den Blaubeeren in den Mixer geben.

2 Die Avocado aufschneiden, den Kern entfernen. Mit einem Esslöffel das Fruchtfleisch aus einer Avocadohälfte lösen und mit den Chiasamen ebenfalls in den Mixer geben. Die Mandelmilch zugießen und ca. 30 Sekunden pürieren.

3 Zimt, Honig und die Eiswürfel zufügen und alles nochmals kurz auf höchster Stufe mixen, bis die gewünschte Konsistenz erreicht ist. Smoothie in 2 hohe Gläser füllen, mit den Blaubeeren bestreuen und mit den Strohhalmen servieren.

Nährwerte pro Portion: kcal 106, EW 2,75 g, F 5 g, KH 10 g

Spinat-Kiwi-Smoothie

Zutaten für 2 Portionen

40 g Babyspinat
½ Banane (Fruchtmenge ca. 60 g)
1 Kiwi (Fruchtmenge ca. 60 g)
150 ml ungesüßte Mandelmilch (2,9 % Fett)
1 EL Chiasamen (s. Bezugsquellen)
1 EL Weizengraspulver (s. Bezugsquellen)
½ TL Macapulver (s. Bezugsquellen)
Honig oder Stevia nach Geschmack
4–5 Eiswürfel (optional)

Außerdem

einige Spinatblättchen
2 dicke Strohhalme

Die mild-nussig schmeckenden Chiasamen mit ihren Omega-3-Fettsäuren passen in fast jeden Smoothie.

1 Die Spinatblätter waschen, trocken tupfen und einige Blättchen für die Deko beiseitelegen. Den restlichen Babyspinat in den Mixer geben. Die Banane schälen, in Scheiben schneiden und in den Mixer geben. Oder gefrorene Bananenscheiben verwenden (siehe Tipp Seite 70).

2 Kiwi schälen, in Scheiben schneiden und zu Babyspinat und Banane geben. Die Mandelmilch dazugießen, die Chiasamen einstreuen, das Weizengras- und Macapulver zufügen und alles ca. 30 Sekunden pürieren.

3 Eventuell süßen, die Eiswürfel zufügen und nochmals mixen, bis die gewünschte Konsistenz erreicht ist. Smoothie in 2 Gläser gießen, mit den Spinatblättchen garnieren und mit den Strohhalmen servieren.

Nährwerte pro Portion: kcal 122,5, EW 2,5 g, F 4,75 g. KH 15,25 g

Blattkohl-Mango-Smoothie

Zutaten für 2 Portionen

60 g frischer Blattkohl oder Grünkohl
1 reife Mango (Fruchtmenge ca. 200 g)
100 g kernlose grüne Trauben
1 Limette
1 EL Acaibeerenpulver (s. Bezugsquellen)
100 ml kalter Apfelsaft
Honig oder Stevia nach Geschmack
4–5 Eiswürfel (optional)

Außerdem

2 Limettenscheiben
6 Trauben
2 dicke Strohhalme

Der ballaststoff-reiche Kohl ist reich an den Vitaminen K, A und C sowie Kalzium und Mangan.

1 Die Kohlblätter waschen und trocken tupfen. Die Mango waschen, trocken reiben und schälen, das Fruchtfleisch vom Kern schneiden und in den Mixer geben. Oder gefrorene Mango verwenden (siehe Tipp Seite 70). Die Trauben waschen und trocken tupfen. Oder gefrorene Trauben verwenden. Die Limette halbieren, 2 Scheiben für die Deko beiseitelegen. Den Saft auspressen.

2 Kohlblätter, Mango und Trauben in den Mixer füllen, das Acaibeerenpulver zufügen, den Apfel- mit dem Limettensaft zugießen und alles ca. 30 Sekunden pürieren. Eventuell süßen, die Eiswürfel zufügen und nochmals mixen, bis die gewünschte Konsistenz erreicht ist. Smoothie in 2 Gläser gießen, die Limettenscheiben einschneiden, an die Glasränder stecken und alles mit Trauben garnieren. Mit den Strohhalmen servieren.

Nährwerte pro Portion: kcal 124, EW 17,5 g, F 0,75 g, KH 26,25 g

Apfel-Sauerampfer-Smoothie

Zutaten für 2 Portionen

30 g junger Sauerampfer
1 großer, grüner Apfel (Fruchtmenge ca. 200 g)
1 Stück Ingwerwurzel, 2 cm
½ reife Avocado (Fruchtmenge ca. 50 g)
Saft von 1 Limette
100 ml Apfelsaft
Honig oder Stevia nach Geschmack
4–5 Eiswürfel (optional)

Außerdem
2 Apfelschnitze
2 dicke Strohhalme

1 Den Sauerampfer waschen und trocken tupfen. Den Apfel gründlich waschen, abtrocknen, vierteln und das Kerngehäuse entfernen. Den Apfel in Spalten schneiden und 2 Schnitze für die Deko beiseitelegen, die Spalten klein schneiden.

2 Den Ingwer schälen und in kleine Würfel schneiden. Die Avocado durchschneiden, den Kern herauslösen. Mit einem Löffel das Fruchtfleisch herauslösen und mit Sauerampfer, Apfel und Ingwer in den Mixer geben. Limetten- und Apfelsaft zugießen und auf höchster Stufe ca. 30 Sekunden pürieren. Eventuell süßen, die Eiswürfel dazugeben und nochmals mixen, bis die gewünschte Konsistenz erreicht ist. Smoothie in 2 Gläser gießen, die Apfelschnitze einschneiden und an die Glasränder stecken. Mit den Strohhalmen servieren.

Sauerampfer enthält Kalium, Vitamin C, Bitter- und Gerbstoffe, die den Appetit anregen und die Verdauung fördern.

Nährwerte pro Portion: kcal 72, EW 2 g, F 0,5 g, KH 14,5 g

Grüner-Tee-Smoothie

Zutaten für 2 Portionen

40 g frischer Babyspinat
100 g kernlose grüne Trauben
½ reife Avocado (Fruchtmenge ca. 50 g)
1 EL Chiasamen (s. Bezugsquellen)
150 ml kalter grüner Tee
2 TL Honig
4–5 Eiswürfel (optional)

Außerdem
6 Trauben
2 Holzspießchen
2 dicke Strohhalme

> Grüner Tee hat eine positive Wirkung auf viele Stoffwechselprozesse und gilt daher als besonders gesund.

> 2 Beutel grünen Tee in 150 ml heißem Wasser 3 Minuten lang für die richtige Stärke ziehen lassen.

1 Die Spinatblätter waschen und trocken tupfen. Trauben waschen und trocken tupfen, 6 Trauben für die Deko beiseitelegen. Oder gefrorene Trauben verwenden (siehe Tipp Seite 70). Beides in den Mixer füllen.

2 Die Avocado aufschneiden, den Kern entfernen, mit einem Teelöffel das Fruchtfleisch herauslösen und die erforderliche Menge mit den Chiasamen ebenfalls in den Mixer geben. Den Tee zugießen und alles 30 Sekunden pürieren.

3 Den Smoothie mit dem Honig süßen, die Eiswürfel zufügen und nochmals mixen, bis die gewünschte Konsistenz erreicht ist. Smoothie in 2 Gläser gießen. Je 3 Trauben auf die Holzspießchen stecken und auf die Glasränder legen. Mit den Strohhalmen servieren.

Nährwerte pro Portion: kcal 124, EW 2,75 g, Γ 5,5 g, KI 15 g

Tropical-Green-Smoothie

Zutaten für 2 Portionen

30 g Babyspinat
½ reife Banane (Fruchtmenge ca. 60 g)
¼ reife Ananas (Fruchtmenge ca. 100 g)
1 reife Mango (Fruchtmenge ca. 200 g)
50 ml Kokosmilch (19 % Fett)
50 ml ungesüßte Mandelmilch (2,9 % Fett)
Honig oder Stevia nach Geschmack
4–5 Eiswürfel (optional)

Außerdem

einige Minzeblättchen
2 dicke Strohhalme

In Reformhäusern, Supermärkten und Asialäden gibt es inzwischen auch fettarme Kokosmilch mit ca. 6 % Fett.

1 Die Babyspinatblätter waschen und trocken tupfen, in den Mixer geben. Banane in Scheiben schneiden. Beide Enden der Ananas ca. 2 cm breit abschneiden. Die Frucht auf eine Schnittstelle stellen und die Schale längs wegschneiden. Die Ananas vierteln, den holzigen Strunk in der Mitte wegschneiden. Die erforderliche Menge in kleine Stücke schneiden und mit der Banane in den Mixer geben. Oder gefrorene Ananas und Banane verwenden.

2 Die Mango waschen, abtrocknen und schälen. Das Fruchtfleisch vom Kern schneiden und würfeln. Die erforderliche Menge in den Mixer geben. Oder gefrorene Mango verwenden

(siehe Tipp Seite 70). Kokos- und Mandelmilch zufügen und alles ca. 30 Sekunden auf höchster Stufe pürieren.

3 Eventuell süßen, die Eiswürfel dazugeben und pürieren, bis die gewünschte Konsistenz erreicht ist. Den Smoothie in 2 Gläser gießen, mit Minzeblättchen dekorieren und den Strohhalmen servieren.

Nährwerte pro Portion: kcal 174,5, EW 2,5 g , F 5,5 g, KH 27,5 g

Himbeer-Avocado-Smoothie

Zutaten für 2 Portionen

½ reife Avocado (Fruchtmenge ca. 75 g)
250 g frische oder gefrorene Himbeeren
100 ml Orangensaft
1 EL getrocknete Maulbeeren (s. Bezugsquellen)
Honig oder Stevia nach Geschmack
4–5 Eiswürfel (optional)

Außerdem
6 Himbeeren
2 Holzspießchen
2 dicke Strohhalme

Himbeeren sind reich an Antioxidantien, B-Vitaminen, Vitamin C sowie Vitamin A und stärken das Immunsystem.

1 Die Avocado aufschneiden, den Kern entfernen. Mit einem Teelöffel das Fruchtfleisch herauslösen und klein schneiden. Die frischen Himbeeren leicht abbrausen, abtropfen lassen oder gefrorene verwenden. 6 Beeren für die Deko beiseitelegen.

2 Avocado, Himbeeren und Orangensaft in den Mixer geben, die Maulbeeren einstreuen und ca. 30 Sekunden auf höchster Stufe pürieren

3 Eventuell süßen, die Eiswürfel zufügen und nochmals mixen, bis die gewünschte Konsistenz erreicht ist. Den Smoothie in 2 Gläser gießen, die beiseitegelegten Himbeeren auf die Spießchen stecken, auf die Gläser legen und mit den Strohhalmen servieren.

Nährwerte pro Portion: kcal 106, EW 1 g, F 5,5 g, KH 15,5 g

Rucola-Apfel-Gurke-Smoothie

Zutaten für 2 Portionen

50 g Rucola
1 grüner Apfel (Fruchtmenge ca. 120 g)
¼ Gurke (Gemüsemenge ca. 100 g)
150 ml Kokoswasser
½ TL Chlorellapulver (s. Bezugsquellen)
1 Spritzer Tabasco (optional)
Honig oder Stevia nach Geschmack
4–5 Eiswürfel (optional)

Außerdem
etwas Selleriegrün
2 dicke Strohhalme

Rucola enthält Senföl, das sorgt für Schärfe, entwässert und beugt Herz-Kreislauf-Erkrankungen vor.

1 Rucolablätter waschen und trocken tupfen. Den Apfel schälen, vierteln, das Kerngehäuse entfernen und in Stücke schneiden. Die Gurke schälen und in Würfel schneiden.

2 Rucola, Apfel und Gurke mit Kokoswasser und Chlorellapulver in den Mixer geben, mit Tabasco würzen und auf höchster Stufe ca. 30 Sekunden pürieren.

Noch gesünder: Nehmen Sie grünen Tee statt Kokoswasser und dazu noch 1 bis 2 Kiwis.

4 Eventuell süßen, die Eiswürfel dazugeben und nochmals mixen, bis die gewünschte Konsistenz erreicht ist. Smoothie in 2 Gläser gießen, mit dem Selleriegrün garnieren und mit den Strohhalmen servieren.

Nährwerte pro Portion: kcal 45, EW 1,75 g, F 1 g, KH 2,5 g

Grünkohl-Ananas-Pfirsich-Smoothie

Zutaten für 2 Portionen

30 g frischer Grünkohl
½ reife Banane (Fruchtmenge ca. 100 g)
½ reife Ananas (Fruchtmenge ca. 200 g)
1 reifer Pfirsich (Fruchtmenge ca. 120 g)
1 Limette
100 g griechischer Joghurt (10 % Fett)
50 ml ungesüßte Mandelmilch (2,9 % Fett)
Honig oder Stevia nach Geschmack
4–5 Eiswürfel (optional)

Außerdem
2 Limettenspiralen
2 dicke Strohhalme

Sie sind müde nach dem Sport? Dieser Smoothie macht Sie wieder frisch und fit.

1 Den Grünkohl waschen. Die Blätter trocken schleudern und die Stiele entfernen. Die Blätter in Streifen schneiden und in den Mixer geben.

2 Die Banane schälen und in Scheiben schneiden. Oder gefrorene Bananenscheiben verwenden (siehe Tipp Seite 70). Beide Enden der Ananas ca. 2 cm breit abschneiden. Die Frucht auf eine Schnittstelle stellen und die Schale längs wegschneiden. Die Ananas vierteln, den holzigen Strunk in der Mitte wegschneiden. Oder gefrorene Ananas verwenden. Die erforderliche Fruchtmenge in kleine Stücke schneiden und mit den Bananenscheiben in den Mixer geben.

3 Den Pfirsich waschen und abtrocknen, dann durchschneiden, die Hälften gegeneinander drehen und den Kern herauslösen. Das Pfirsichfleisch in grobe Stücke schneiden. Oder gefrorenen Pfirsich verwenden.

4 Die Limette waschen und abtrocknen, die Schale rundherum dünn in Spiralen abschneiden. Die Limette auspressen und den Saft in den Mixer gießen.

5 Die Früchte mit dem Joghurt zum Grünkohl in den Mixer geben, Mandelmilch und Limettensaft dazu gießen und ca. 30 Sekunden auf höchster Stufe pürieren. Nach Geschmack süßen, die Eiswürfel zufügen und nochmals mixen, bis die gewünschte Konsistenz erreicht ist. Smoothie in 2 Gläser gießen, mit den Limettenspiralen garnieren und mit den Strohhalmen servieren.

Nährwerte pro Portion: kcal 200, EW 3,25 g, F 5,5 g, KH 31,25 g

Fruchtwechsel: Tauschen Sie den Pfirsich gegen eine Mango aus und die Mandelmilch gegen Maracujasaft.

Grüner Gute-Laune-Smoothie

Zutaten für 2 Portionen

30 g Babyspinat oder Mangold
1/2 reife Ananas (Fruchtmenge ca. 200 g)
1 reife Mango (Fruchtmenge ca. 200 g)
100 ml Kokoswasser
1/2 reife Avocado (Fruchtanteil ca.75 g)
Honig oder Stevia nach Geschmack
4–5 Eiswürfel (optional)

Außerdem
2 Ananasschnitze oder Minzeblättchen
2 dicke Strohhalme

1 Den Babyspinat oder Mangold waschen. Die Blätter trocken schleudern und die Stiele entfernen. Die Blätter in Streifen schneiden und in den Mixer geben.

2 Beide Enden der Ananas ca. 2 cm breit abschneiden. Von der Oberseite 2 Stückchen mit Blatt abschneiden und für die Deko beiseitelegen. Die Frucht auf eine Schnittstelle stellen und die Schale längs wegschneiden. Die Ananas vierteln, den holzigen Strunk in der Mitte wegschneiden. Die erforderliche Fruchtmenge in kleine Stücke schneiden und in den Mixer geben. Oder gefrorene Ananas verwenden (siehe Tipp Seite 70).

3 Mango waschen, abtrocknen und schälen, das Fruchtfleisch vom Kern schneiden, würfeln und zum Babyspinat in den Mixer geben. Oder gefrorene Mango verwenden. Das Kokoswasser hinzufügen und alles 30 Sekunden auf höchster Stufe pürieren.

4 Die Avocado aufschneiden, den Kern entfernen, mit einem Teelöffel das Fruchtfleisch aus den Avocadohälften lösen und in den Mixer geben. Eventuell süßen, die Eiswürfel zufügen und nochmals mixen, bis die gewünschte Konsistenz erreicht ist. Den Smoothie in 2 Gläser gießen, mit Ananasschnitzen oder Minzeblättchen garnieren und mit den Strohhalmen servieren.

Nährwerte pro Portion: kcal 175, EW 2 g, F 6 g, KH 27,5 g

Papaya-Beeren-Spinat-Smoothie

Zutaten für 2 Portionen

60 g frischer Babyspinat
1 reife Papaya (Fruchtmenge ca. 120 g)
125 ml Apfel- oder Orangensaft
1 El Acaibeerenpulver (s. Bezugsquellen)
1 EL getrocknete Cranberrys
200 g gemischte, gefrorene Beeren (Erdbeeren,
Blaubeeren und Brombeeren)
Honig oder Stevia nach Geschmack
4–5 Eiswürfel (optional)

Außerdem
2 Stückchen Papaya
2 dicke Strohhalme

Papayas sind wegen ihrer verdauungsfördernden Enzyme sehr gesund und ideale Basis für sättigende Smoothies.

1 Den Babyspinat waschen. Die Blätter trocken schleudern und die Stiele entfernen. Die Blätter in Streifen schneiden. Die Papaya waschen, halbieren und mit einem Löffel die schwarzen Kerne entfernen. Das Fruchtfleisch herauslösen. Oder gefrorene Papaya verwenden (siehe Tipp Seite 70). Papaya mit Apfel- oder Orangensaft, Acaibeerenpulver und den Cranberrys in den Mixer geben, ca. 30 Sekunden auf höchster Stufe pürieren.

2 Die gefrorenen Beeren unaufgetaut zufügen und mixen. Eventuell süßen, die Eiswürfel zufügen und nochmals kurz mixen, bis die gewünschte Konsistenz erreicht ist. Den Smoothie in 2 Gläser gießen und mit den Papayastückchen und den Strohhalmen servieren.

Nährwerte pro Portion: kcal 213, EW 3 g, F 2,5 g, KH 32 g

Paprika-Orangen-Smoothie

Zutaten für 2 Portionen

1 kleine rote Paprikaschote (Gemüsemenge ca. 100 g)
1 Orange (Fruchtmenge ca. 200 g)
150 ml Orangensaft
1 EL Kokosöl (s. Bezugsquellen)
1 Prise Cayennepfeffer
Honig oder Stevia nach Geschmack
4–5 Eiswürfel (optional)

Außerdem

2 Orangenscheiben
2 dicke Strohhalme

Dieser orangene Smoothie versorgt Sie vor allem im Winter mit mehr als dem Tagesbedarf an Vitamin C.

Kokosöl wirkt antibakteriell und positiv auf das Herzkreislaufsystem. Es soll Cholesterinwerte senken.

1 Die Paprika waschen, trocken reiben und halbieren. Den Strunk und die Samenstränge entfernen. Jede Paprikahälfte mit einem Sparschäler dünn schälen, in kleine Stücke schneiden und in den Mixer geben.

2 Die Orange schälen, 2 Scheiben für die Deko abschneiden, die Frucht in ihre Segmente teilen und klein schneiden, dabei die Kerne entfernen. Mit dem Orangensaft in den Mixer geben. Das Kokosöl zufügen und 30 Sekunden auf höchster Stufe pürieren.

3 Mit dem Cayennepfeffer würzen und eventuell süßen, die Eiswürfel zufügen und nochmals mixen, bis die gewünschte Konsistenz erreicht ist. Den Smoothie in 2 Gläser gießen, die Orangenscheibe einschneiden und an die Glasränder stecken. Mit den Strohhalmen servieren.

Nährwerte pro Portion: kcal 160,5, EW 2,5 g,
F 9 g, KH 21,25

Ananas-Möhre-Smoothie

Zutaten für 2 Portionen

1 kleine Möhre (Gemüsemenge ca. 100 g)
½ frische Ananas (Fruchtmenge ca. 200 g)
½ reife Banane (Fruchtmenge ca.100 g)
1 EL getrocknete Gojibeeren (s. Bezugsquellen)
100 ml Orangensaft
Honig oder Stevia nach Geschmack
4–5 Eiswürfel (optional)

Außerdem
etwas Möhrengrün
2 dicke Strohhalme

Ein bei Groß und Klein beliebter Smoothie, der wegen seiner vielen Vitalstoffe sehr gesund ist.

1 Die Möhre schälen und in Scheiben schneiden. Beide Enden der Ananas ca. 2 cm breit abschneiden. Die Frucht auf eine der beiden Schnittstellen stellen und die Schale längs wegschneiden. Die Ananas vierteln, den holzigen Strunk in der Mitte wegschneiden. Die erforderliche Fruchtmenge in kleine Stücke schneiden und in den Mixer geben. Oder gefrorene Ananas verwenden (siehe Tipp Seite 70).

2 Die Banane schälen, in Scheiben schneiden und zur Ananas geben. Oder gefrorene Bananenscheiben verwenden. Die Gojibeeren zufü-gen, den Orangensaft zugießen und 30 Sekunden auf höchster Stufe pürieren.

3 Eventuell süßen, die Eiswürfel zufügen und nochmals mixen, bis die gewünschte Konsistenz erreicht ist. Smoothie in 2 Gläser gießen. Mit dem Möhrengrün garnieren und mit den Strohhalmen servieren.

Nährwerte pro Portion: kcal 153,5, EW 1 g,
F 0,5 g, KH 33 g

Apfel-Grünkohl-Smoothie

Zutaten für 2 Portionen

40 g junger Grünkohl
1 Apfel (Fruchtmenge ca. 150 g)
½ reife Banane (Fruchtmenge ca. 60 g)
125 ml Kokosmilch (19 % Fett)
1 EL Leinsamenschrot
½ TL gemahlener Zimt
1 EL Mandelbutter
Honig oder Stevia nach Geschmack
4–5 Eiswürfel (optional)

Außerdem
2 Apfelschnitze
2 dicke Strohhalme

Dieser Smoothie strotzt vor gesunden Stoffen: Vitamine, Mineralstoffe und Antioxidantien. Er tut gut im Winter.

1 Die Grünkohlblätter waschen, trocken tupfen und grob hacken. Den Apfel waschen, trocken reiben, schälen, vierteln, das Kerngehäuse entfernen und den Apfel in schmale Spalten schneiden. 2 Apfelschnitze beiseitelegen.

2 Apfelspalten mit den Grünkohlblättern in den Mixer geben. Die Banane schälen, in Scheiben schneiden und in den Mixer geben. Oder gefrorene Bananenscheiben verwenden (siehe Tipp Seite 70). Kokosmilch, Leinsamenschrot sowie Zimt und Mandelbutter hinzufügen und alles ca. 30 Sekunden pürieren.

3 Eventuell süßen und die Eiswürfel dazugeben. Alles nochmals mixen, bis die gewünschte Konsistenz erreicht ist. Smoothie in 2 Gläser gießen, mit den Apfelschnitzen dekorieren und mit den Strohhalmen servieren.

Nährwerte pro Portion: kcal 248, EW 5 g,
F 4,25 g, KH 18,5 g

Brokkoli-Apfelsaft-Smoothie

Zutaten für 2 Portionen

60 g Brokkoliröschen
50 g Zucchini
¼ Gurke (Gemüsemenge ca. 150 g)
125 ml Apfelsaft
1 EL Zitronensaft
½ reife Avocado (Fruchtmenge ca. 50 g)
1 EL Leinsamenschrot
Honig oder Stevia nach Geschmack
4-5 Eiswürfel (optional)

Außerdem
2 Zitronenscheiben
2 dicke Strohhalme

Kalium in Zucchini und Leinsamen reguliert den Wasserhaushalt und verhindert u. a. Muskelkrämpfe.

1 Brokkoli waschen, trocken tupfen und in grobe Stücke schneiden. Zucchini und Gurke waschen, abtrocknen, schälen und in Scheiben schneiden. Brokkoli, Zucchini und Gurke in den Mixer geben, Apfel- und Zitronensaft zugießen und 30 Sekunden pürieren.

2 Die Avocado durchschneiden, den Kern entfernen und mit einem Löffel das Fruchtfleisch aus der Schale lösen, mit dem Leinsamenschrot in den Mixer geben.

3 Eventuell süßen, die Eiswürfel zufügen und alles nochmals pürieren, bis die gewünschte Konsistenz erreicht ist. Den Smoothie in 2 hohe Gläser füllen, die Zitronenscheiben einschneiden und an die Glasränder stecken. Mit den Strohhalmen servieren.

Nährwerte pro Portion: kcal 130, EW 4,25 g, F 7,25 g, KH 11 g

Grünkohl-Orangensaft-Smoothie

Zutaten für 2 Portionen

1 reife Banane (Fruchtmenge ca. 120 g)
1 reife Birne (Fruchtmenge ca. 100 g)
30 g junger Grünkohl (alternativ Blattkohl,
Spinat)
100 ml Orangensaft
50 ml ungesüßte Mandelmilch (2,9 % Fett)
2 EL Lucumapulver (s. Bezugsquellen)
4–5 Eiswürfel (optional)

Außerdem
einige Grünkohlblättchen
2 dicke Strohhalme

Lucuma ist eine südamerikanische Frucht, die bei uns nur gemahlen erhältlich ist.

1 Die Banane schälen und in Scheiben schneiden. Oder gefrorene Bananenscheiben verwenden (siehe Tipp Seite 70). Die Birne waschen, trocken reiben, vierteln und das Kerngehäuse entfernen. Birne in grobe Stücke schneiden. Oder gefrorene Birne verwenden.

2 Die Grünkohlblätter waschen und klein schneiden, dabei die harten Rippen und Stiele entfernen.

3 Früchte und Grünkohl in den Mixer geben, Orangensaft, Mandelmilch sowie Lucumapulver hinzufügen und ca. 30 Sekunden pürieren. Eventuell die Eiswürfel zufügen und nochmals mixen, bis die gewünschte Konsistenz erreicht ist. Den Smoothie in 2 Gläser gießen, mit den Grünkohlblättchen garnieren und mit den Strohhalmen servieren.

Nährwerte pro Portion: kcal 120, EW 3,5 g,
F 1,5 g, KH 27,5 g

Grünkohl-Trauben-Smoothie

Zutaten für 2 Portionen

30 g frischer Grünkohl
1 reife Banane (Fruchtmenge ca.120 g)
1 kleiner Apfel (Fruchtmenge ca. 100 g)
50 ml ungesüßte Mandelmilch (2,9 % Fett)
125 g kernlose grüne Trauben
1 EL Macapulver (s. Bezugsquellen)
1 EL Leinsamenschrot oder Haferflocken
Honig oder Stevia nach Geschmack
4–5 Eiswürfel (optional)

Außerdem
6 Trauben
2 Holzspießchen
2 dicke Strohhalme

1 Den Grünkohl waschen. Die Blätter trocken schleudern und die Stiele entfernen. Die Blätter in Streifen schneiden. Die Banane schälen und in Scheiben schneiden. Oder gefrorene Bananenscheiben verwenden (siehe Tipp Seite 70).

2 Den Apfel waschen, trocken reiben, vierteln und das Kerngehäuse entfernen. Die Apfelviertel mit der Schale raspeln, mit den Bananenscheiben und der Mandelmilch in den Mixer geben und auf höchster Stufe ca. 30 Sekunden pürieren.

3 Die Trauben abbrausen, trocken tupfen, 6 Trauben für die Deko beiseitelegen. Oder gefrorene Trauben verwenden. Mit dem Macapulver und dem Leinsamenschrot in den Mixer geben und mixen.

4 Den Smoothie eventuell süßen, die Eiswürfel zufügen und nochmals mixen, bis die gewünschte Konsistenz erreicht ist. Den Smoothie in 2 Gläser gießen. Je 3 Trauben auf die Holzspießchen stecken, auf die Glasränder legen und mit den Strohhalmen servieren.

Nährwerte pro Portion: kcal 134, EW 2,75 g, F 3,75 g, KH 10,75 g

Pfirsich-Spinat-Smoothie

Zutaten für 2 Portionen

30 g Babyspinat oder Blattkohl
½ reife Banane (Fruchtmenge ca. 60 g)
½ reife Ananas (Fruchtmenge ca. 200 g)
1 kleiner reifer Pfirsich (Fruchtmenge ca. 100 g)
1 Limette
50 ml ungesüßte Mandelmilch (2,9 % Fett)
50 ml Joghurt (3,5 % Fett)
Honig oder Stevia nach Geschmack
4–5 Eiswürfel (optional)

Außerdem
2 Limettenscheiben
2 dicke Strohhalme

1 Den Babyspinat waschen. Die Blätter trocken schleudern und die Stiele entfernen. Die Blätter in Streifen schneiden. Die Banane schälen und in Scheiben schneiden. Oder gefrorene Bananenscheiben verwenden (siehe Tipp Seite 70).

2 Beide Enden der Ananas ca. 2 cm breit abschneiden. Die Frucht auf eine Schnittstelle stellen und die Schale längs wegschneiden. Die Ananas vierteln, den holzigen Strunk in der Mitte wegschneiden. Die erforderliche Menge in kleine Stücke schneiden und in den Mixer geben. Oder gefrorene Ananas verwenden.

3 Den Pfirsich waschen, trocken reiben, einschneiden und die Hälften gegeneinander drehen. Den Kern entfernen, das Pfirsichfleisch in grobe Stücke schneiden. Oder gefrorenen Pfirsich verwenden.

4 Die Limette halbieren, zwei dünne Scheiben abschneiden, dann auspressen. Babyspinat und Früchte mit der Mandelmilch in den Mixer geben, Joghurt und Limettensaft dazugeben und auf höchster Stufe ca. 30 Sekunden pürieren.

5 Eventuell süßen, die Eiswürfel zufügen und nochmals mixen, bis die gewünschte Konsistenz erreicht ist. Smoothie in 2 Gläser gießen, die Limettenscheiben einschneiden, an die Glasränder stecken und mit den Strohhalmen servieren.

Nährwerte pro Portion: kcal 123, EW 2 g, F 3,5 g, KH 19,5 g

Avocado-Mint-Smoothie

Zutaten für 2 Portionen

1 reife Banane (Fruchtmenge ca. 120 g)
½ reife Avocado
3 entsteinte Datteln
6 Minzeblättchen
125 ml ungesüßte Mandelmilch (2,9 % Fett)
30 g dunkle Schokolade, 70% Kakaoanteil
1 EL Macapulver (s. Bezugsquellen)
Honig oder Stevia nach Geschmack
4–5 Eiswürfel (optional)

Außerdem

2 Minzestängel
2 dicke Strohhalme

Da Datteln sehr süß sind, erübrigt es sich oft, extra zu süßen. Auf jeden Fall vorher abschmecken.

1 Die Banane schälen und in Scheiben schneiden. Oder gefrorene Bananenscheiben verwenden (siehe Tipp Seite 70). Die Avocado aufschneiden, den Kern entfernen, mit einem Esslöffel das Fruchtfleisch aus den Avocadohälften lösen.

2 Die Datteln klein schneiden. Minzeblättchen abbrausen, trocken tupfen, mit Banane, Avocado und Mandelmilch in den Mixer geben und ca. 30 Sekunden auf höchster Stufe pürieren.

3 Die Schokolade hacken und mit dem Macapulver in den Mixer geben, eventuell süßen, die Eiswürfel zufügen und nochmals pürieren, bis die gewünschte Konsistenz erreicht ist. Den Smoothie in 2 Gläser gießen, die Minzestängel in die Gläser stecken und mit den Strohhalmen servieren.

Nährwerte pro Portion: kcal 265, EW 3,5 g, F 8,5 g, KH 39 g

Schoko-Bananen-Spinat-Smoothie

Zutaten für 2 Portionen

60 g frischer Babyspinat (Rucola oder Mangold)
1 reife Banane (Fruchtmenge ca. 120 g)
30 g geriebene dunkle Schokolade, 70 % Kakao-anteil
1 TL Instantkaffee
½ TL gemahlener Zimt
150 ml ungesüßte Mandelmilch (2,9 % Fett)
Honig oder Stevia nach Geschmack
4–5 Eiswürfel (optional)

Außerdem

1 Zimtstange
1 dicker Strohhalm

Ein Smoothie, der zu jeder Tages-zeit erfrischt und besonders in der kalten Jahreszeit gut tut.

1 Die Babyspinatblätter waschen, trocken tupfen und in den Mixer geben. Die Banane schälen und in Scheiben schneiden. Oder ge-frorene Bananenscheiben verwenden (siehe Tipp Seite 70).

2 Die Bananenscheiben mit der Schokolade, dem Instantkaffee, dem Zimt und der Man-delmilch in den Mixer geben und auf höchster Stufe ca. 30 Minuten pürieren.

3 Eventuell süßen, die Eiswürfel zufügen und nochmals mixen, bis die gewünschte Konsis-tenz erreicht ist. Den Smoothie in 2 Gläser gie-ßen. Die Zimtstange durchbrechen, in die Glä-ser stecken und mit den Strohhalmen servieren.

Nährwerte pro Portion: kcal 225, EW 3,5 g, F 2,75 g, KH 46 g

Grünkohl-Himbeer-Mango-Smoothie

Zutaten für 2 Portionen

40 g junger Grünkohl
100 ml Kokoswasser
1 reife Mango (Fruchtmenge ca. 200 g)
150 g gefrorene oder frische Himbeeren
1 Stück Ingwerwurzel, ca. 3 cm
150 ml Orangensaft
Saft von 1 Zitrone
Honig oder Stevia nach Geschmack
4–5 Eiswürfel (optional)

Außerdem

6 Himbeeren
2 Holzspießchen
2 dicke Strohhalme

1 Die Grünkohlblätter waschen. Die Blätter trocken schleudern, Stiele und die harten Rippen entfernen. Das Grün in Streifen schneiden und mit dem Kokoswasser in den Mixer geben. Auf höchster Stufe pürieren.

2 Die Mango waschen, trocken reiben und schälen, das Fruchtfleisch vom Kern schneiden, ebenfalls in den Mixer geben. Oder gefrorene Mango verwenden (siehe Tipp Seite 70).

3 Die gefrorenen Himbeeren auftauen, die frischen vorsichtig abbrausen, gut abtropfen lassen. 6 besonders schöne Früchte beiseitelegen.

4 Den Ingwer schälen, in Würfel schneiden. Mit Mango und Himbeeren in den Mixer geben, Orangen- und Zitronensaft zugießen und ca. 30 Sekunden pürieren. Eventuell süßen, die Eiswürfel zufügen und nochmals mixen, bis die gewünschte Konsistenz erreicht ist. Den Smoothie in 2 Gläser gießen. Die beiseitegelegten Himbeeren auf die Spießchen stecken und auf die Glasränder legen. Mit den Strohhalmen servieren.

Nährwerte pro Portion: kcal 159, EW 3,5 g,
F 1 g, KH 34 g

Würziger Grünkohl-Banane-Smoothie

Zutaten für 2 Portionen

40 g junger Grünkohl
100 ml Kokoswasser
125 g tiefgefrorene oder frische Kirschen
1 reife Banane (Fruchtmenge ca. 120 g)
1 Stück Ingwerwurzel, 1–2 cm
1 EL Chiasamen (s. Bezugsquellen)
½ TL gemahlener Kurkuma
¼ TL gemahlener Zimt
Honig oder Stevia nach Geschmack
4–5 Eiswürfel (optional)

Außerdem
2 Grünkohlblattspitzen
2 dicke Strohhalme

> Unter den Kohlarten wird Grünkohl als Superfood gepriesen und schmeckt im Winter am besten.

1 Die Grünkohlblätter waschen. Die Blätter trocken schleudern, Stiele und harte Rippen entfernen. 2 Blattspitzen für die Deko beiseitelegen. Das Grün in Streifen schneiden und mit dem Kokoswasser in den Mixer füllen. Auf höchster Stufe ca. 30 Sekunden pürieren.

2 Frische Kirschen waschen, trocken tupfen, entsteinen und in den Mixer geben. Oder gefrorene verwenden.

3 Die Banane schälen und in Scheiben schneiden. Oder gefrorene Bananenscheiben verwenden (siehe Tipp Seite 70). Ingwer schälen und in feine Würfel schneiden. Mit Chiasamen, Kurkuma und Zimt in den Mixer geben. Eventuell süßen, die Eiswürfel zufügen und nochmals pürieren, bis die gewünschte Konsistenz erreicht ist. Smoothie in 2 Gläser gießen und mit den Grünkohlblättchen garnieren. Mit den Strohhalmen servieren.

Nährwerte pro Portion: kcal 142,5, EW 3 g, F 34,5 g, KH 24,5 g

Mango- Grünkohl-Smoothie

Zutaten für 2 Portionen

50 g Radieschen
40 g junger Grünkohl
1 reife Mango (Fruchtmenge ca. 200 g)
1 TL Macapulver (s. Bezugsquellen)
1/2 TL Chlorellapulver (s. Bezugsquellen)
150 ml Kokoswasser
Honig oder Stevia nach Geschmack
4–5 Eiswürfel (optional)

Außerdem
2 Radieschen mit Grün
2 dicke Strohhalme

Ein Super-Smoothie wie kein Zweiter, voll mit Power-stoffen, um fit durch die kalten Tage zu kommen, dazu kalorienarm.

1 Die Radieschen waschen. 2 kleine Radieschen mit Grün beiseitelegen. Von den anderen Radieschen das Grün und die Wurzelenden entfernen, Radieschen in Scheiben schneiden.

2 Die Grünkohlblätter waschen, trocken tupfen, feste Stiele wegschneiden, die Blätter grob hacken. Die Mango waschen, trocken reiben und schälen. Das Fruchtfleisch vom Kern schneiden. Oder gefrorene Mango verwenden (siehe Tipp Seite 70).

3 Radieschen, Grünkohl, Mango, Maca- und Chlorellapulver mit dem Kokoswasser in den Mixer geben und auf höchster Stufe ca. 30 Sekunden pürieren.

4 Eventuell süßen, die Eiswürfel zufügen und nochmals mixen, bis die gewünschte Konsistenz erreicht ist. Smoothie in 2 Gläser gießen, die beiseitegelegten Radieschen einschneiden und an die Glasränder stecken. Mit den Strohhalmen servieren.

Nährwerte pro Portion: kcal 78,5, EW 2,25 g, F 0,75 g, KI I 15 g

10 Smoothie-Tipps

Abschmecken Kein Apfel ist wie der andere, was seinen Geschmack, seine Größe oder seine Farbe betrifft. Und auch manche Banane ist süßer als die andere, ebenso unterscheidet sich Spinat, der im Frühjahr wächst, von dem, der im Herbst geerntet wird. Schmecken Sie deshalb einen Smoothie immer ab, bevor Sie ihn ins Glas gießen und geben Sie eventuell noch etwas Flüssigkeit, Honig oder auch einige Nüsse dazu, um die Konsistenz und den Geschmack auszubalancieren.

Eiswürfel aus aromatischen Flüssigkeiten wie Kokosmilch, Kokosnusswasser, verschiedene Tees, Orangen-, Ananas- oder Apfelsaft etc. sorgen für kühle Smoothies. Diese Flüssigkeiten einfach in einen Eiswürfelbehälter gießen und einfrieren. Bei Bedarf würfelweise entnehmen.

Früchte einfrieren Geschälte und in Scheiben geschnittene Früchte wie Bananen, Papayas, Mangos, Apfel, Birne, Aprikosen, Pflaumen, Pfirsiche, Kiwi, Ananas sowie alle Beeren lassen sich gut einfrieren und portionsweise in kleinen Gefrierbeuteln im Gefrierfach ca. 4 Wochen lagern. So sind sie immer einsatzbereit und kühlen den Smoothie, ohne ihn zu verwässern. Das gilt auch für Gemüse wie Paprika, Brokkoli und Gurke. Natürlich können Sie auch von vorneherein tiefgefrorenes Gemüse verwenden. Wenn Sie gefrorene Früchte oder Gemüse verwenden, brauchen Sie keine Eiswürfel!

Getrocknete Früchte oder auch Nüsse und Samen, die durch lange Lagerung zu trocken geworden sind und sich nicht richtig pürieren lassen, weichen Sie am besten vorher in Wasser ein. Bei Früchten reichen 15–20 Minuten, Nüsse und Samen brauchen etwa 6–8 Stunden.

Gewürze wie Zimt, Muskat, Kurkuma & Co. geben Smoothies nicht nur einen besonderen Kick, sondern sind auch sehr gesund, z. B. soll Zimt den Blutzucker- und den Cholesterinspiegel senken und Muskat verdauungsfördernd und stimmungsaufhellend wirken. Kurkuma wiederum soll gut sein für Leber und Herz und das Immunsystem unterstützen.

Kokosmilch in Dosen gibt es heute in jedem Supermarkt, gesüßt und ungesüßt, allerdings immer mit relativ hohem Fettanteil, nämlich 20 %. In Asiamärkten hingegen bekommt man sie auch im Tetrapak mit nur 6 % Fettgehalt. Sie ist dann weniger cremig, aber auch homogener, ähnlich wie Vollmilch.

Mandelmilch kann man auch selber machen: 200 g geschälte Mandeln mit Wasser bedecken und über Nacht quellen lassen. Das Wasser abgießen und die Mandeln mit 1 Liter heißem Wasser in den Mixer geben. So lange pürieren, bis eine weiße Flüssigkeit ohne Stückchen entsteht. Eine Schüssel mit einem Tuch auslegen. Die Flüssigkeit durch ein Sieb in die Schüssel gießen und das Tuch gut ausdrücken. Fertig ist die Mandelmilch. Sie hält sich im Kühlschrank etwa 1 Woche.

Nüsse sollten Sie möglichst immer selbst mahlen. Verwenden Sie am besten geschälte und unbedingt ungesalzene Mandeln, Haselnüsse, Macadamianüsse, Erdnüsse oder Cashewnüsse. Nicht so gut geeignet für Smoothies sind Walnüsse, Pekannüsse und Paranüsse. Weil Nüsse wegen ihres hohen Fettgehalts schnell ranzig werden, bewahrt man nicht gleich verwertete Vorräte am besten im Tiefkühlfach auf.

Stevia ist ein süßender Pflanzenextrakt, der deshalb so ideal ist, weil er keine Kalorien hat und auch von Diabetikern verwendet werden darf. Stevia wird sparsam eingesetzt, weil es etwa acht Mal so süß ist wie Zucker und leicht bitter schmeckt, wenn zu viel davon genommen wird.

Superfoods: Maca, Chlorella, Acaibeeren, Gojibeeren, Maquibeeren gehören zu den sogenannten Superfoods, weil sie besonders viele Vitalstoffe in sehr hoher Konzentration enthalten. Sie stammen aus Asien und Südamerika und sind bei uns leider nur in Pulverform oder getrocknet erhältlich. Sie können sie Ihrem Geschmack entsprechend in jedem Smoothie verwenden und bekommen eine Extraportion Gesundheit. Sie sind aber kein Muss.

Rezeptregister

Register nach Zutaten

Anmerkung: Für jedes Rezept wird Honig oder Stevia zum Süßen empfohlen.
Eiswürfel können, müssen aber nicht verwendet werden.

75

Bezugsquellen

Falls Sie insbesondere die Superfoods nicht im Laden erhalten, können Sie sie auch über den Onlinehandel beziehen.

www.smoothie-mixer.de

www.lifefood.de

www.superfoodforyou.de

www.acaipur.de

www.zentrum-der-gesundheit.de/maca.html

www.chlorella-und-spirulina.de

www.gojibeeren-tibet.de

www.reformhaus-shop.de/maqui-pulver

www.tausendkraut.com/maqui-pulver

Der Verlag weist ausdrücklich darauf hin, dass die im Buch enthaltenen externen Links vom Verlag nur bis zum Zeitpunkt der Buchveröffentlichung eingesehen werden konnten. Auf spätere Veränderungen hat der Verlag keinerlei Einfluss. Eine Haftung des Verlags für externe Links ist stets ausgeschlossen.

ISBN: 978-3-8094-3521-1

1. Auflage

© 2016 by Bassermann Verlag, einem Unternehmen der Verlagsgruppe Random House GmbH, Neumarkter Str. 28, 81673 München

Die Ratschläge in diesem Buch sind vom Autor und vom Verlag sorgfältig erwogen und geprüft, dennoch kann eine Garantie nicht übernommen werden. Eine Haftung des Autors bzw. des Verlags und seiner Beauftragten für Personen-, Sach- und Vermögensschäden ist ausgeschlossen.

Coverfotos: istockphoto/Chiociolla, Denio Rigacci, Veselova Elena, Yelena Yemchuk

Rezeptfotos, Foodstyling und Styling: Karl Newedel
mit Ausnahme von: istockphoto: 9 (Chiociolla), 38 (VeselovaElena), 48 (Denio Rigacci), 58 (YelenaYemchuk); Südwest Verlag: 4, 23 (Maike Jessen)

Umschlaggestaltung und Innenlayout: Atelier Versen, Bad Aibling

Bildredaktion: Sabine Kestler

Redaktion: Nina Andres, München

Projektleitung: Birte Schrader

Herstellung: Elke Cramer

Satz: Lore Wildpanner

Reproduktion: Regg Media, München

Druck und Verarbeitung: Druckerei Theiss, St. Stefan im Lavanttal

Printed in Austria

Verlagsgruppe Random House FSC® N001967